108 perlas
de sabiduría del
DALÁI LAMA
para alcanzar la serenidad

CATHERINE BARRY

108 perlas
de sabiduría del
DALÁI LAMA
para alcanzar la serenidad

Recogidas y presentadas
por Catherine Barry

EDICIONES OBELISCO

Si este libro le ha interesado y desea que le mantengamos informado
de nuestras publicaciones, escríbanos indicándonos qué temas son de su interés
(Astrología, Autoayuda, Ciencias Ocultas, Artes Marciales, Naturismo,
Espiritualidad, Tradición...) y gustosamente le complaceremos.

Puede consultar nuestro catálogo en www.edicionesobelisco.com.

Colección Espiritualidad, Metafísica y Vida interior
108 PERLAS DE SABIDURÍA DEL DALÁI LAMA PARA ALCANZAR LA SERENIDAD
Catherine Barry

1.ª edición: junio 2009

Título original: *108 perles de sagesse du Dalaï-lama pour parvenir à la sérénité*

Traducción: *Pilar Guerrero*
Maquetación: *Marga Benavides*
Corrección: *Leticia Oyola*
Diseño de cubierta: *Enrique Iborra*

© 2006, Éditions Presses de la Renaissance
(Reservados todos los derechos)
© 2009, Ediciones Obelisco, S. L.
(Reservados los derechos para la presente edición)

Edita: Ediciones Obelisco, S. L.
Pere IV, 78 (Edif. Pedro IV) 3.ª planta, 5.ª puerta
08005 Barcelona - España
Tel. 93 309 85 25 - Fax 93 309 85 23
E-mail: info@edicionesobelisco.com

Paracas, 59 - Buenos Aires
C1275AFA República Argentina
Tel. (541 - 14) 305 06 33
Fax: (541 - 14) 304 78 20

ISBN: 978-84-9777-564-9
Depósito Legal: B-22.129-2009

Printed in Spain

Impreso en España en los talleres gráficos de Romanyà/Valls S. A.
Verdaguer, 1 - 08786 Capellades (Barcelona)

*A mi hijo Benjamin
y a todos los de su generación,
que construirán el mundo de mañana.*

«Ojalá pudiese yo durar tanto como dure el espacio,
tanto como dure el tiempo, para poder ayudar a
todos los seres sensibles a liberarse del sufrimiento
y sus causas, y a encontrar la felicidad y sus
causas, a fin de alcanzar el despertar.»

En 1960, Europa descubrió la existencia de los lamas tibetanos gracias al dibujante belga Hergé. Éste publicó, en la revista *Tintín*, las primeras páginas de lo que sería el álbum *Tintín en el Tíbet*. Por lo que a mí respecta, tuvo aún que pasar bastante tiempo antes de leer, absorta, las hazañas del joven reportero. Es de ahí, sin duda alguna, de donde nació en buena parte mi deseo de conocer el Tíbet y de vivir aventuras. Jamás, en el curso de los años que siguieron, disminuyó mi interés por el budismo y el país del Techo del Mundo. Los conocimientos adquiridos a través de los maestros de esta tradición, frecuentar su compañía y la práctica de la meditación en la que éstos me guiaron, no hicieron sino reforzar mi opinión de que cerca de ellos –más cerca de unos que de otros– pude encontrar respuestas a mi búsqueda existencial. Después de treinta años, ahora, he aprendido que es posible transformar la propia mente. Dicha evidencia me ha conducido, gracias a las circunstancias –los budistas lo llamarían *karma*– que se me presentaban, a orientar mi vida profesional de acuerdo con esta tradición que escogí practicar. Comprendiendo en el fondo de mi corazón lo que los principios budistas pueden aportar a la vida cotidiana, me pareció de suma importancia poder participar en su difusión a través de un medio de comunicación tan difícil como la televisión para este tipo de «transmisión», manifestando así mi completa adhesión a la tradición budista.

Con el tiempo, he tenido la oportunidad de codearme con grandes maestros de todas las escuelas, así como con Su Santidad el Dalái Lama. Todos los encuentros y episodios vitales participan en la construcción de nuestras vidas y nos ayudan a evolucionar. Algunos resultan ser catalizadores más potentes que otros, revelando sin concesiones nuestro verdadero ser, permitiéndonos así progresar, aunque sólo sea un poco. Misterios del cambio consciente o inconsciente que hace que no seamos, en definitiva, los mismos, pero que tampoco nos convierte en otros. Esas influencias nos recorren por dentro y nos invitan a ir más allá de nosotros mismos. Los encuentros con Su Santidad han contribuido a construir mi vida, por otra parte. Siendo así, ¿cómo no experimentar el deber y la necesidad de dar testimonio de la fuerza de la doctrina budista que el propio Dalái Lama encarna? El estado de su ser nos impresiona en la medida en que hemos perdido la costumbre de que alguien, solo y en sí mismo, ejerza una coherencia semejante entre la palabra y la acción. Qué formidable lección de humanidad es ver a este simple monje hacer frente, tras más de cincuenta años, a la tragedia de su pueblo con tal fuerza, coraje y determinación, y con una fe ciega en las enseñanzas de Buda, que jamás han podido ser desmentidas. Qué magnífica lección de vida es ver la forma en que ofrece sus conocimientos y su tiempo a todos los pueblos del planeta, como si fuera un hombre corriente entre todos los hombres, aunque su pueblo lo venere como a un dios. Y cómo choca y entusiasma constatar que, sean cuales sean las circunstancias, su palabra siempre veraz está en consonancia con las ideas y los principios que preconiza.

Él nos muestra cómo podemos seguir sus pasos y que la transformación interior es posible a condición, lógicamente, de que aceptemos que necesitamos tiempo y una auténtica determinación para llevar a buen puerto el aprendizaje y acercar nuestra realidad a esta Vía.

Sus enseñanzas, llenas de sentido común y de sabiduría pragmática, no cesan de acompañarme, día tras día, siempre en la Vía de la transformación espiritual que es el budismo tibetano. Para mí son como etapas, como llaves que favorecen la transformación interior desde el momento en que nos tomamos el tiempo necesario para meditarlas y analizarlas. De ahí esta obra, en la cual te propongo ocho meditaciones, cifra metafórica que representa las 108 cuentas del rosario, el *mala*, con el que practicamos y recitamos los mantras, esas «oraciones» que ayudan a calmar la mente y el corazón, canalizando y modificando nuestras energías «perturbadoras». Cada frase de sabiduría simboliza aquí una cuenta del *mala*. Espero que te inspiren y, al mismo tiempo, te ayuden a rozar con la punta de los dedos la compasión, la tolerancia, el amor, la bondad y el respeto infinito por los demás –considerando a los demás como más importantes que uno mismo, cualquiera que sean las circunstancias–. ¿Acaso existe un mensaje más esencial que éste, que nos enseña a vivir en paz y armonía con nosotros mismos y con el prójimo?

* * *

Quisiera compartir contigo tres anécdotas que muestran la manera en que el Dalái Lama puede cambiar la vida de alguien y que me permitieron percibir con mayor claridad la bondad que emana de su interior.

* * *

Poco después de que Su Santidad hubiera recibido el premio Nobel de la Paz, en 1989, tuve la oportunidad de entrar en contacto con él por primera vez, en el hotel Saint-James, en París. Se había organizado una reunión para permitir a ciertos artistas europeos encontrarse con ese monje sonriente que fascinaba al mundo entero con su combate pacífico contra los chinos. Recibiendo el premio Noble de la Paz, el Dalái Lama entró a formar parte de ese círculo exclusivo de figuras carismáticas, emblemáticas, de apóstoles de la no violencia: el mahatma Gandhi y el pastor Martin Luther King. Muchos eran los que ardían en deseos de conocerlo. Ni que decir tiene que la posibilidad de formar parte del grupo de escogidos para acercarse al él, en esa ocasión, era extraordinariamente difícil, por usar un eufemismo. Mi única esperanza era ver de lejos al que para mí encarnaba la tradición espiritual que decidí seguir años atrás. Pero la vida me reservaba otra experiencia. Un amigo mío formaba parte de los responsables de la seguridad de Su Santidad y de repente, en un abrir y cerrar de ojos, me vi formando parte del grupo de personas que participarían en la velada con él. Ése fue un regalo inestimable, inesperado, que me reafirmó más, si cabe, en mi convicción para seguir en la vía budista. La presencia de Tenzin Gyatso en carne y hueso que aquella noche pude sentir de una forma tan tangible y directa, por primera vez, tuvo en mí un poderoso efecto catalizador. Su energía alegre, indestructible y alentadora, generó en mí un profundo proceso de transformación interior. Eso no significa que progresar en la vía budista sea cuestión de revelaciones instantáneas, ni un camino rápido y sencillo donde los problemas se resuelven por arte de magia. No perdamos de vista que el proceso de transformación es largo, complicado e incluso arduo, ya que el material sobre el que trabajamos es nuestra propia alma. El budismo enseña que el cambio se produce a lo largo de numerosas vidas, lo cual pone de manifiesto la profundidad del compromiso necesario para la transformación verdadera.

* * *

En otra ocasión pude participar, en París, en la reunión de Su Santidad con los miembros de la comunidad tibetana residente en Francia. La carga emocional me conmovió de tal modo que aún la siento. Para comprender el golpe que me produjo hay que recordar a los tibetanos que arriesgaron sus vidas para acercarse a Su Santidad, por unos instantes, en Dharamsala, en la India. Esos tibetanos recibieron, en un breve momento, su bendición, una *kata* (el chal blanco de buen augurio), algunos consejos y recomendaciones y, sobre todo, una disposición para escuchar atentamente antes de volver inmediatamente, a instancias del líder espiritual, al Tíbet, con todos sus peligros y penalidades, para que éste no acabe despoblado. Estaban listos para todo lo que ocurriese en ese breve instante.

El recuerdo de ese momento permite valorar la suerte que tenemos en Occidente de podernos codear tan fácilmente con Su Santidad, gracias a sus continuos viajes a Europa. Hay que guardar en la memoria la emoción palpable, la inmensa alegría de los tibetanos que se encontraron en presencia del que es su dirigente religioso y político, que simboliza todo su pueblo, el budismo y la esperanza de regresar un día a su país. El respeto infinito que demostraron ante el que se manifiesta por ellos en la tierra Tchenrezi, el Buda de la compasión, es impresionante y nos abre la puerta a una dimensión sagrada de la persona del Dalái Lama que, de otro modo, podría quedar oculta. Ver a Tenzin Gyatso con su pueblo permite tomar conciencia de su verdadera dimensión.

* * *

Desde que empezamos a emitir el programa televisivo, hemos tenido el privilegio de recibir al Dalái Lama más o menos cada dos años, cuando viene a Francia. Cuando esto sucede, el resto de programas pertenecientes a otras tradiciones religiosas que emiten en France 2, tienen a bien ceder su tiempo a *Voces budistas* a fin de que podamos dar la palabra con mayor amplitud al líder político y espiritual de los tibetanos. El programa dura entonces media hora, en lugar de los quince minutos habituales. Nunca, a lo largo de todos estos años –y esto merece ser subrayado en una época en que las tensiones religiosas existen de forma innegable en algunos países– ha habido el menor problema para que Su Santidad disponga de ese tiempo extra en antena.

Cada entrevista con Su Santidad suscita en mí una gran alegría. Son muchos los que lo escuchan y desean escuchar sus palabras de consuelo, amor, tolerancia y sabiduría. Yo siempre ansío preguntarle por aquellas cosas que verdaderamente preocupan a la gente, las cosas que impactan. Pero mi responsabilidad es muy grande y no puedo convertir las entrevistas en algo banal. Más allá de un programa televisivo, se trata, por encima de todo, de un diálogo con un maestro espiritual.

Las entrevistas con Su Santidad sólo son posibles gracias a un fabuloso trabajo en equipo. Los técnicos, muy numerosos en plató, velan por el menor detalle para que todo esté en su sitio y se haga correctamente, con mucho más desvelo que de ordinario; nada de ruidos inútiles y mucha concentración. Desde el preciso momento en que llega Su Santidad, siempre dinámico y sonriente, la alegría ilumina las caras de todo el mundo. Nos sentimos muy afortunados de estar cerca de alguien tan cálido. El tiempo se detiene de repente. Tenzin Gyatso se instala cómodamente y estallan carcajadas sonoras cuando un técnico poco habilidoso se hace un lío intentando colocar el micro en la ropa del monje. Él me sonríe y yo olvido mis preocupaciones y mi estrés. Me encuentro frente a un maestro iluminado que sabrá ofrecer lo mejor de su sabiduría a los telespectadores. La voz del monje traductor, Matthieu Ricard, llega a mi auricular, todo está listo, empezamos la entrevista. Su Santidad está atento, disponible, totalmente presente y receptivo a lo que pase, a pesar de que sus responsabilidades y obligaciones son inmensas. Tras una pregunta, cómodo y relajado, se quita los zapatos y se sienta en posición de loto. Es un gesto simple, pero revela que con nosotros se siente como entre amigos.

Con su presencia y sus claras respuestas, Su Santidad genera la toma de conciencia de que somos interdependientes, que somos como una unidad, responsables los unos de los otros, y eso incita a pensar en la no violencia, en la compasión y la tolerancia. Éstas son cualidades más que necesarias en nuestros tiempos, como lo subraya Su Santidad el Dalái Lama cuando predica una ética espiritual universal.

Al final de la entrevista, los técnicos se apresuran a apagar los enormes focos: hace mucho calor. Cada uno se acerca tímidamente a Su Santidad con una *kata* en la mano. El Dalái Lama bendice a aquellos que así lo desean, budistas o no, porque en esos momentos poco importa si eres budista. Sólo somos mujeres y hombres felices por haber tenido el privilegio de pasar una hora en compañía de este ser tan especial.

Esta cualidad de su presencia, que permite que nos relajemos y abramos nuestros corazones, es lo que me gustaría transmitirte y compartir contigo a través de las palabras del Dalái Lama, palabras que me acompañan en el día a día, en mi trabajo periodístico y en mi vida como mujer.

Para acompañar estas palabras llenas de sabiduría, hemos querido presentarte las imágenes y los símbolos representativos de la vida de Buda, los cuales encarnan los principios presentados aquí por el Dalái Lama.

Encontrarás representaciones de maestros que transmitieron la sabiduría de su doctrina. Gracias a sus esfuerzos por practicar y contemplar dichas enseñanzas, éstas han llegado hasta nosotros.

Cuando están posados sobre animales diversos, representan las diferentes emociones humanas: la cólera, los celos, la crueldad, la agresividad o el orgullo, por ejemplo. Las deidades protectoras de las enseñanzas nos recuerdan que es posible dominar las pasiones y conseguir así dejar de ser prisionero de ellas.

Los budas, finalmente, representan la manifestación de las cualidades positivas del despertar que existen, potencialmente, en cada uno de nosotros. No son dioses que existan fuera de nosotros mismos, sino reflejos de nuestra propia sabiduría. Invocarlos es volverse hacia las virtudes que queremos cultivar.

A esos grandes personajes hemos unido ocho símbolos auspiciosos. Esos símbolos están presentes en todos los monasterios tibetanos. En ocasiones se trazan en el polvo blanco o de colores, en el suelo, para recibir a un dignatario y demostrarle respeto. Muchas veces se emplean como ofrenda material o mental. Representarlos o evocarlos se considera un signo de buen augurio. Y con el deseo de que te sean beneficiosos, hemos decidido ofrecértelos.

Sakyamuni

El Buda ejecutando el gesto en que toma la
tierra como testimonio de su despertar.

༄༅། །ཐབས་མཁས་ཐུགས་རྗེ་ཅན་གྱིས་རིགས་སུ་འཁྲུངས། །གཉེན་གྱིས་མི་ཐུབ་
བདུད་ཀྱི་དཔུང་འཇོམས་པ། །གསེར་གྱི་ལྷུན་པོ་ལྟ་བུར་བརྗིད་པའི་སྐུ། །ཤཱཀྱ་
རྒྱལ་པོའི་ཞབས་ལ་ཕྱག་འཚལ་ལོ།།

1

Cuando dudes de ti mismo, cuando no tengas confianza en tus posibilidades, piensa en el enorme potencial del ser humano, que es también el tuyo, y que sólo necesita que se crea en él. Entonces te sentirás feliz porque descubrirás ese tesoro que reside en tu interior: la alegría es un poder, cultívala.

2

Lo esencial para ser feliz es estar satisfecho con lo que eres y con lo que tienes en el momento presente. Esa tranquilidad interior cambiará tu punto de vista sobre las cosas y tu alma estará en paz.

3

Cuando una persona te hiera, no dudes en perdonarla. Porque si reflexionas sobre lo que ha causado su comportamiento, comprenderás el sufrimiento que soporta y no lo percibirás como una voluntad deliberada de hacerte daño o de perjudicarte. Perdonar es un trámite activo que se basa en la reflexión y no en el olvido. Perdonar es un acto responsable que se apoya en el conocimiento y la aceptación de las circunstancias reales en que nos encontramos.

4

Dar a los demás sin esperar nada a cambio y nunca de forma desconsiderada, para gustar a los demás o para que nos quieran, es lo que puede hacerte más feliz. La ética reposa en el deseo de ayudar a los demás. Lo único que puede unir a los seres sensibles es el Amor.

Tara

Tara es la suprema protectora que nos preserva
de todo mal.

5

Da gracias a tus enemigos, porque ellos son tus mejores maestros. Te enseñan a enfrentarte al sufrimiento y a desarrollar la paciencia, la tolerancia y la compasión, sin esperar nada a cambio.

6

Los adornos más hermosos de tu persona son el amor y la compasión. Si reflexionas sobre las condiciones que te permiten sentirte feliz y llegar a un estado de bienestar, constatarás que éstas están íntimamente ligadas a las cualidades humanas que haces crecer en ti y a la forma en que funciona tu mente.

La sombrilla

La sombrilla, que nos protege de los rayos del sol, evoca la capacidad de la sabiduría para protegernos de la infelicidad.

7

No puedes desarmarte exteriormente si no te has desarmado en tu interior. La violencia engendra violencia. Sólo la paz mental procura una existencia serena y libre de conflictos. La desmilitarización mundial es uno de mis mayores sueños. Solamente un sueño...

8

El sufrimiento mental y afectivo que sientes es una guía infalible que te indica si lo que estás viviendo es auténtico o falso. Comprender el sentido de lo que vivimos permite calmar y superar el sufrimiento que se padece, lo cual supone transformar la forma en que funciona tu mente.

9

Congratúlate por la felicidad ajena, porque cada ocasión será un momento de alegría para ti. Alégrate cuando te sientas feliz porque amar a los demás no se consigue si no te amas a ti mismo y te ayuda a desarrollar confianza y fe. La forma en que experimentes las circunstancias de tu existencia determina la forma, neutra, feliz o infeliz, en que sientes que estás viviendo.

33

10

El amor y la compasión anulan el miedo a vivir, ya que ambas cualidades de la mente se desarrollan en nosotros; aparece entonces la confianza interior y el miedo desaparece. Es nuestra mente quien crea el mundo en que vivimos.

11

Aprender a disciplinar la mente permite vivir en paz con uno mismo y con los demás, así como desarrollar la felicidad interior, sean cuales sean las circunstancias en que nos veamos inmersos. Nada ni nadie puede hacer infeliz a una persona cuya mente es clara y libre de emociones negativas.

Padmasambhava

Considerado por los tibetanos como el segundo
Buda, Padmasambhava es el principal
introductor, tan histórico como mítico, del
budismo en el Tíbet.

ༀ། །དོན་མཆོག་བདེ་རབས་རྒྱབ་པ་ཧྲུ་སྐྱོས། །སྐྱེ་བ་ཅེ་མི་མནར་རོ་རྗེ་ར་ཉིས། །

དུས་གསུམ་རྒྱལ་ཀུན་ཕྲིན་ལས་མ་ཛད། །པདྨ་འབྱུང་གནས་ལ་ཕྱག་གཙལ། །

12

No podemos ser felices si preferimos vivir de ilusiones que vivir la realidad. La realidad no es ni buena ni mala. Las cosas son como son, y no como nos gustaría que fueran. Comprenderla y aceptarla es una de las llaves de la felicidad.

13

El budismo enseña que el instante que precede a la muerte es fundamental, porque es la última preparación posible para la existencia en los Bardos (los seis estados de transición entre la muerte y la reencarnación) que sigue al último aliento. Para vivir en paz espiritual ese precioso instante, los practicantes del budismo se preparan durante toda la vida, ya sea concentrándose en un sentimiento de profunda bondad, sea en la relación entre maestro y discípulo, sea en la vacuidad y la no permanencia, a fin de renacer en las mejores condiciones. El momento que precede a la muerte es de suma importancia, ya que en ese preciso instante tenemos en nuestras manos las riendas de nuestro próximo destino.

Saber que la muerte puede llegarnos en cualquier momento nos enseña a vivir cada segundo con total plenitud y a morir en paz.

Yeshé Tsogyal

Yeshé Tsogyal es manifestación de la sabiduría y
la perfección.

༄༅། །རྒྱལ་ཡུམ་རྗེ་བཙུན་སྒྲོལ་བ་ཡེར་མ། །སྐུ་ཚོགས་སུ་མ་བྱུང་ཞེ་ཕྱིན་མ། །
དགེས་ཆགས་བཞད་པ་བཅུ་རེ་ལྷ་མ། །ཡེ་ཞེས་མཆོག་རྒྱལ་ལ་ཕྱག་འཚལ། །

41

14

La ira, el odio o la aversión necesitan de un objeto para manifestarse, como el fuego necesita la madera para arder. Cuando te encuentres con circunstancias adversas, con gente que te provoca o que intenta irritarte, usa la fuerza de la paciencia para no dejarte arrastrar por las pasiones «negativas». La paciencia es una fuerza que resulta de tu capacidad para mantenerte firme e inquebrantable, cualesquiera que sean las circunstancias. Si recurres a ella, nada ni nadie podrá romper la paz de tu mente.

15

Ordenemos nuestras vidas en función de lo que presenta un valor auténtico y da sentido a nuestra existencia, y no según los placeres mundanos que nos llevan a vivir en el exterior de nuestro propio ser. Ordenemos nuestras vidas sabiendo que nuestra mayor tarea es servir a los demás.

El estandarte

El estandarte recuerda el triunfo del
conocimiento sobre la ignorancia.

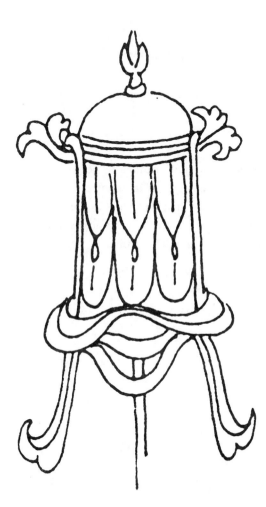

16

No hay actos de bondad grandes ni pequeños, porque cada acto bondadoso participa en la construcción de la paz en el mundo. Lo único que cuenta es dar a los demás y sentirse feliz con la alegría que se procura al prójimo. La mayor de las cualidades humanas es el amor altruista.

17

No pierdas el tiempo con la envidia ni con querellas de ningún tipo. Medita sobre lo perecedero para valorar así cada momento de la vida. Conseguir la paz mental y del corazón supone cambiar los hábitos mentales. Para no sufrir el riesgo de volverte loco cuando dejes este mundo, aprende a desligarte de las cosas materiales, porque no te las podrás llevar contigo el día en que te mueras.

18

No descuides tu cuerpo. No le prestes una atención excesiva pero respétalo y cuídalo como una herramienta preciosa, indispensable para tu mente mientras aguarda el momento del despertar.

19

Los actos que llevas a cabo son el reflejo de tus pensamientos y tus sentimientos. Por sí mismos, no son negativos ni positivos, pero dependen de la intención que los sustente. Esa intención es la que determina tu karma, la ley de la causa y el efecto que hace que tu vida te parezca feliz o desgraciada.

20

Aprender a dar empieza por renunciar a lastimar al prójimo. Haciéndolo, renunciarás a dañarte a ti mismo, ya que dañar a los demás empieza por dañarse a uno mismo.

21

Es imposible retener el momento presente. Nada perdura en este mundo, nada tiene existencia en sí. Siendo así, ¿por qué desear poseer y conservar objetos que ya has experimentado en el presente? No son reales en sí mismos. Sólo son el resultado de un número infinito de causas y condiciones. No están destinados a durar porque se transforman a cada instante. No te ates a ellos.

22

El deseo sin dominio convierte la mente humana en esclavo y nunca le concede respeto, en tanto en cuanto la búsqueda del placer lo conduce a multiplicar las situaciones que le permitan conseguir los objetos que codicia en su vida cotidiana. El dominio del deseo convierte al ser humano en un ser libre dentro de sus propias circunstancias, ya sean felices o desafortunadas, procurándole paz del corazón y de la mente.

Vajradhara

El Buda de la alerta pura, la quintaesencia de la felicidad.

ༀༀ། །མི་འགྱུར་ཀུན་འགྲོ་ཡེ་ཤེས་བདག །འདི་ཆེ་རྣ་ཚོགས་ཉིད་མི་གཡོ་བ། །
བྲ་མེད་ཡིད་བཞིན་རིན་ཆེན་གཏེར། །རྡོ་རྗེ་འཆང་ཆེན་ལ་ཕྱག་འཚལ།།

23

Cultivar la paciencia ayuda a desarrollar la compasión hacia los que nos hieren, sin permitir, sin embargo, que nos destruyan. La compasión es el mejor terapeuta de la mente. Nos libera de las ataduras y del dominio de las bajas pasiones.

24

Nosotros creamos sin cesar nuestra propia infelicidad a través de nuestra ignorancia y de nuestra falta de discernimiento. Nuestra mente se ve entre la espada y la pared, entre lo que amamos y lo que rechazamos. Actuamos como si pudiéramos evitar las circunstancias que se nos presentan. Olvidamos que nada perdura ni tiene existencia por sí mismo. Olvidamos que podemos morir en cualquier momento.

Shri Singha

Uno de los grandes maestros de las enseñanzas
más esotéricas de la Gran Perfección.

ༀ། །མཉེན་བཞི་བཅུ་རྩ་བདུན་པའི་ཊིཀྐ་མཁན་པ། །ཡེ་ཤེས་ཉི་མའི་འོད་གསལ་
བམ། །ཕྱོགས་བཅུ་དུས་སྨྲ་བ་མེ་ལ་མཛད་དམ། །ཤྲཱི་སིདྡྷ་ལ་ཕྱག་འཚལ། །

25

Sentirse atada a objetos materiales vuelve a la mente ávida y enfermiza. Por lo tanto, poseer muchos bienes no procura tranquilidad espiritual. Piensa en todos aquellos que tienen asegurado el confort material hasta el fin de sus días y que viven en la depresión, la angustia, la insatisfacción, encerrados en ellos mismos. No saben que dar procura una inmensa felicidad. No saben que no es necesario poseer grandes riquezas para ofrecer una sonrisa y hacer felices a los demás. Sus condiciones materiales son satisfactorias, pero no les aportan alegría porque lo único que puede mejorar las condiciones de la vida interior, sean cuales sean los medios de que dispongamos, es el trabajo espiritual.

26

Pueda yo participar, en cada instante de mi existencia, en la liberación de los seres del sufrimiento y sus causas, ayudándolos a encontrar la felicidad y sus causas. Pueda yo recordar que experimentar la compasión por los demás empieza por sentir compasión por mí mismo, sin egoísmo alguno, porque formamos parte de todas las criaturas.

27

La convicción obtenida a través de la meditación analítica permite transformar nuestra mente. Dicha transformación requiere que se le consagre tiempo y que se proceda con ella de forma casi científica. La observación de las emociones que nos perturban y que nos dominan son el material sobre el que debemos apoyarnos para determinar los antídotos más apropiados a fin de encontrar lo que estemos buscando, como liberarse de las pasiones y alcanzar el despertar. Recuerda que dos disposiciones contrarias no pueden coexistir al mismo tiempo en tu alma. Así, si estás encolerizado contra alguien, por ejemplo, intenta desarrollar un sentimiento de afecto hacia esa persona. Si consigues que dicho sentimiento nazca en ti, éste eliminará la cólera y la alejará de tu mente. El amor es el antídoto contra la ira.

28

Todo es perecedero, por eso tenemos la oportunidad de transformar nuestra mente y las emociones perturbadoras que lo conmueven. El odio o la cólera, por ejemplo, aparecen en función de las circunstancias. Ello significa que no son reales por sí mismas, que no existen de forma permanente en la mente y por eso es posible dominarlas, transformarlas y eliminarlas. Para ayudarnos en esta tarea, es importante restituirlas en su contexto, analizar las circunstancias que las han llevado a manifestarse y comprender su sentido. Alcanzar un estado de felicidad duradero supone purificar la mente de toda emoción negativa.

29

El sufrimiento no es absurdo ni inútil, sino el resultado del karma, la ley de la causalidad que rige el ciclo de las existencias. Es difícil comprenderlo si no se cree en el fenómeno de la reencarnación. Los pensamientos y las acciones cometidos en el curso de nuestras vidas sucesivas engendran consecuencias positivas o negativas según las motivaciones que las hayan producido. Este principio se verifica también en lo que respecta a los pueblos y los países. Lo que le ha pasado a mi pueblo y al Tíbet es resultado del karma. Sien embargo, ello no impide que se reivindique que los derechos humanos se respeten en el Tíbet, así como su milenaria cultura, la filosofía y la religión que caracterizan nuestra civilización. No debe confundirse *karma* con *fatalidad*, sino que debemos sacar conclusiones de lo que vivimos para poder proceder de forma positiva y responsable.

Los dos peces

Viven en el agua, en completa libertad, y se reproducen con rapidez. Los dos peces simbolizan la prosperidad y la felicidad.

30

¿Cómo desarrollar la paz en el mundo si no nos esforzamos lo más mínimo en respetar la naturaleza? Todos estamos unidos, seres humanos y animales, por el deseo común y universal de no sufrir y de encontrar las condiciones de vida que nos procuren bienestar y paz. Es importante recordar que ese deseo de escapar al sufrimiento es un derecho fundamental de todos los seres sensibles. Para promoverlo, hagamos el esfuerzo de mejorarnos a nosotros mismos a fin de servir de ejemplo a los demás.

31

La práctica de la empatía es el corazón de la vía budista. Desarrollar esta cualidad es esencial porque nos permite proceder con justicia por el bien de los demás y participa en el proceso que nos ayuda a no crear nuevas fuentes de sufrimiento para sí, para el prójimo y, en consecuencia, para el «mal karma». La compasión es un sentimiento profundo que se experimenta en relación a los que sufren, sin ninguna distinción. Nace del deseo profundo de ayudar a los demás. En el budismo, para renovar la fuerza de dicho deseo, repetimos, diariamente, la siguiente oración:

«Pueda yo ayudar a todos los seres sensibles a liberarse del sufrimiento y sus causas, y a obtener las causas y condiciones que los ayuden a alcanzar el despertar.»

Vajrasattva

El Buda de la pureza fundamental.

ༀ། །འོད་གསལ་ལ་ཡེ་ཤེས་སྐུ་མཆི་སྲེ། །མཚན་ཉིད་རྫོགས་དང་ཉིད་དཔལ་འབར་བཞིན། །
སྣང་བས་མ་སྐུ་བྲུལ་རྫོགས་གསང་ཆུམ། །རྗེ་རྗེ་མེ་མདའ་འལ་ཕྱག་འཚལ། །

32

Todos queremos ser felices, nadie quiere sufrir, es importante comprenderlo si queremos transformar nuestra mente. Cuando tomamos conciencia de esa realidad, se manifiestan espontáneamente en nuestra mente una inmensa ternura y un amor infinito por el prójimo. Pero ello no es posible si no somos igualmente capaces de experimentar el amor y el respeto por nosotros mismos. Es inútil creer que podemos amar a los demás si no nos gustamos a nosotros mismos y si rechazamos lo que somos.

33

El llamado principio de la interdependencia de los seres y los fenómenos nos enseña que siempre estamos ligados los unos a los otros, a la naturaleza y al cosmos. Somos interdependientes, lo cual explica que seamos responsables de lo que pensamos, de lo que vivimos y hasta del menor de nuestros actos, ya que éstos influyen en el resto del universo. Además, del hecho de esta interacción constante entre todo lo que existe se deriva que debemos ayudar a todos los seres sensibles a liberarse del sufrimiento y a encontrar las causas de la felicidad. Ayudar a todos los seres significa que también tenemos que actuar sobre las causas del sufrimiento que nos conciernen directamente. Ésa es la interdependencia bien entendida.

34

Corresponde a cada cual, ayudado por un maestro o sin ayuda
ninguna, determinar la forma de práctica que más le conviene,
la que mejor se adapte a sus necesidades específicas. Este
criterio es fundamental para alcanzar la transformación interior, la paz mental y el desarrollo de cualidades positivas que
lo conviertan en una buena persona. Por consiguiente, es de
capital importancia que los maestros espirituales enseñen según la inclinación espiritual y la disposición mental de cada
uno, como hizo el Buda Sakyamuni en sus tiempos. Del mismo modo que no te alimentas exactamente igual que tu vecino
–cada cual come en función de su propia constitución física–
tampoco necesitarás idéntico alimento espiritual.

35

Nuestra felicidad depende de la felicidad de los demás, por ello es tan importante hacer todo lo que esté en nuestra mano para hacer felices a los que nos rodean. En ocasiones nos sentimos impotentes para conseguirlo o para poder acudir en ayuda de quien lo necesita, pero lo importante es no desanimarse y seguir procediendo de manera positiva porque, de este modo, desarrollamos en nosotros la capacidad de engendrar amor altruista auténtico, que nos conduce a la paz mental.

Vimalamitra

Uno de los sabios indios que fue al Tíbet a
transmitir las enseñanzas de la Gran Perfección.

༄༅། །མཚན་བརྗོད་སྟོང་སྐུ་མེད་ཀྱིས། །གསུང་རབ་པདྨོ་རིག་འཛིན་ཅིང་། །
འགྲོ་བའི་རིག་སྒྲུལ་ལ་སེལ། །ཞི་མི་ཏྲ་ལ་ཕྱག་འཚལ། །

36

Si ayudar a los demás te parece difícil, actúa como los egoistas inteligentes y recuerda que ayudar a los demás genera mejores relaciones con la gente y favorece la aparición de condiciones favorables para ti, las cuales te convertirán en una persona feliz y serena.

37

Los diferentes métodos para generar empatía deben ser desarrollados al mismo tiempo que el conocimiento y la sabiduría, a fin y efecto de proceder de forma justa y coherente. El conocimiento y la sabiduría son indispensables para comprender la verdadera naturaleza de las cosas, la naturaleza fundamental de la mente. Una apreciación correcta de lo que sientes o de lo que vives sólo puede conseguirse si observas un objeto o una situación determinados bajo diferentes puntos de vista, para poder encontrar una respuesta coherente y llena de discernimiento que permita superar toda reacción y toda emoción negativa.

38

Para alcanzar el despertar, es importante tener una percepción justa de la realidad. En el budismo, evocamos dos nociones para aprehender mejor dicha realidad: se trata de lo que denominamos las dos verdades: la verdad relativa y la verdad absoluta. La verdad relativa es la que percibimos a través de nuestros sentidos. La verdad absoluta es indescriptible, ya que se sitúa más allá de los conceptos. Ambas verdades, por otra parte, son complementarias, indisociables e indispensables la una para la otra según las enseñanzas, igual que las dos alas de un pájaro le resultan necesarias para volar. La realidad es la toma de conciencia de esas dos verdades.

39

En general, percibimos la naturaleza de las cosas de manera errónea. La diferencia entre lo que es realmente y lo que nosotros percibimos es una fuente de sufrimiento. Si transformamos nuestra mente, aprendemos a ver la realidad tal cual es, sin interpretarla, en el momento presente. No la aprehendemos más en función de nuestras proyecciones. Es una condición fundamental para desarrollar la paz mental.

40

En ocasiones, es posible que experimentemos angustia ante el sufrimiento de los demás y que nos veamos arrastrados por dicho sufrimiento, lo cual no hace sino aumentar nuestras propias dificultades. Sumergirse así en el sufrimiento ajeno no es, en ningún caso, experimentar compasión. Cuando la empatía es auténtica, en lugar de experimentar el sufrimiento y la angustia del prójimo, nos vemos invadidos por un coraje inmenso. El deseo de hacer todo lo posible por aliviar el sufrimiento de los que nos rodean es, entonces, más importante que nuestro propio sufrimiento personal. Vivir sintiendo empatía procura una felicidad infinita.

Vairochana

Vairochana sostiene entre sus manos la rueda
de ocho radios, símbolo de la enseñanza gracias
a la cual purifica la consciencia dualista.

41

Los objetos compuestos están destinados a desaparecer, son perecederos, momentáneos y provisionales. Y eso es lo que pasa con nuestro cuerpo, aunque lo olvidamos a menudo porque estamos atados a él. Tomar conciencia de esta realidad provoca, en algunas personas, grandes sufrimientos. Comprender la verdadera naturaleza de las cosas permite aceptar el hecho de que nada existe en sí mismo y ayuda a comprender que la naturaleza del sufrimiento es, asimismo, efímera, transitoria y no tiene existencia en sí misma. En realidad, esto es sumamente alentador cuando nos encontramos pasando por circunstancias difíciles de la vida o cuando nos vemos sometidos a duras pruebas.

42

Algunos deseos y aspiraciones son aceptables en la vía espiritual. Por ejemplo: un practicante del Dharma deseará aprender a dirigir su mente. El que crea en Dios querrá complacerle. Esos deseos son legítimos. Por el contrario, los deseos en relación a elementos exteriores que conducen nuestra mente a generar ataduras y emociones negativas, no son buenos en ningún caso. Es importante poner límites a la codicia y a la dependencia. Es iluso creer que el mundo exterior podrá, un día, colmar nuestros deseos.

La caracola

La caracola simboliza la gloria de la doctrina de
Buda, que se expande en todas direcciones
como el sonido de una trompeta. La caracola es
empleada, a menudo, como instrumento
musical.

43

Los tibetanos procuran que, desde el momento de la concepción de los bebés, y durante toda la gestación, las madres vivan en calma, felices y en paz, a fin de que el bebé se desarrolle armoniosamente.

En Occidente se van dando cuenta de la importancia que esto tiene y comprenden que una madre ansiosa, irritada, ávida, celosa o angustiada genera consecuencias negativas al feto. Recomendamos también, siempre que sea posible, que la madre amamante a su hijo, porque la leche simboliza el afecto humano. Lo esencial es la ternura que une la madre a su hijo y viceversa. Las investigaciones médicas han probado que la ternura física hacia un bebé juega un papel fundamental en el desarrollo de su cerebro.

44

Trabajar la propia mente puede parecer algo difícil para los occidentales, dado el tipo de vida que llevan, tan moderna y tan activa. Pero lo que cuenta es la fuerza de la determinación porque ésta engendra un coraje enorme para ponerse manos a la obra sin demora, sean cuales sean las circunstancias en las que nos encontremos. Así, si se desea verdaderamente, es completamente posible transformar la mente estando inmerso en el trabajo, en la vida familiar, el cualquier actividad y en las tareas cotidianas.

45

Cambiar nuestra mente, desarrollar cualidades como el amor y la compasión, transformarnos a nosotros mismos, depende principalmente de la fuerza de nuestra determinación. Para suscitarla y reforzarla, hay que volver la mirada a nuestro interior para examinarnos con atención, cultivar nuestro deseo de transformación y estudiar la forma de hacerlo. Con ayuda de la inteligencia, reforzamos esta disposición positiva y la sabiduría crecerá en nosotros. Este trámite reposa, al menos al principio de la vía, en la sabiduría y la razón.

46

El ámbito laboral y sus tareas cotidianas ocupan mucho tiempo en la vida de las personas, lo cual no impide que la gente intente divertirse, pasearse, irse de fin de semana o de vacaciones. Si tienes un verdadero deseo de transformarte, siempre encontrarás el tiempo para hacerlo. Sólo tienes que desearlo intensamente.

47

Al principio, cuando se empieza a seguir el camino de la evolución espiritual, las cosas pueden parecer muy complicadas. Luego, se va adquiriendo experiencia y, poco a poco, nuestro deseo y determinación para seguir la vía se refuerzan. Se vuelven más constantes, más firmes, y eso nos ayuda a transformar nuestra mente en todas las circunstancias, ya sea en el trabajo, en la familia o durante nuestras actividades cotidianas. Desde el preciso instante en que estamos atentos, estamos más presentes. Esta forma de proceder se refleja en nuestras tareas y en nuestro comportamiento con los demás.

Practicar el Dharma es trabajar, a cada momento, y mejorarse empleando el tiempo necesario deliberadamente.

Jamgon Mipham

Uno de los miembros del renacimiento del
budismo en el siglo XIX, que intentó superar todo
sectarismo.

༄༅། །ལོ་བོ་ཡང་དགའ་རིག་པ་བཞིའི་བློ། །ག་ཏེ་རྒྱུ་ཚོགས་གྲུབ་ཅིང་ལྤེ་བ་འཛིན། །
ཕྲུགས་ལ་པར་མཁུ་རྒྱལ་བའི་རྗེ་ད། །བདག་ལ་གཉེན་ལེ་དགའ་བ་ཕུ་གར་ཚོལ། །

48

Si envidias a un colega que tiene más éxito que tú o si sientes celos de alguien que ha conseguido un artículo de mucho valor, transforma tu mente encontrando el antídoto, que será la emoción contraria a la pasión negativa que experimentas. En este caso, convendrá que aprendas a disfrutar y a sentirte feliz por la alegría que seguramente estará experimentando esa otra persona.

49

No existen límites para nuestros deseos cuando éstos conciernen al conocimiento de la mente y a la posibilidad de desarrollar las virtudes humanas. Eso lo podemos desear de forma ilimitada, sin llegar a estar nunca totalmente satisfechos con los logros conseguidos al respecto. Porque, ¿cómo se pueden desarrollar por completo la empatía, el amor y la tolerancia?

Esa aspiración por desarrollar las virtudes interiores debe ser profunda, libre e ilimitada.

Akshobhya

Akshobhya sostiene un *vajra*, el cetro que
simboliza la indestructibilidad.
Es inquebrantable.
Nada puede perturbar su serenidad.

50

Debemos permanecer vigilantes en lo relativo a la naturaleza de nuestras motivaciones. Si es bondadosa, inducirá acciones del cuerpo, de la palabra y de la mente de la misma naturaleza. Cambiar los hábitos mentales es fundamental para alcanzar la transformación de nuestra mente y las acciones que se derivan. Por ejemplo, es esencial evitar molestar a los demás, estar al tanto de no ser orgullosos, de no tener envidia, de no estar constantemente preocupados por nuestras pérdidas y ganancias materiales; porque cuando esas emociones negativas dejan de dominarnos, nuestra actitud cambia, nos volvemos más altruistas y nuestro comportamiento social se vuelve benéfico para los demás.

51

Cada ser tiene una naturaleza y usa disposiciones diferentes, por eso es tan difícil determinar con exactitud lo que más conviene a todo el mundo. Sin embargo, me es posible recomendar a todos los seres que cultiven la mente despierta, el pensamiento altruista y que se afanen en ayudar a los demás y en meditar sobre lo perecedero de las cosas, en todas sus formas.

La no permanencia «grosera», evidente, que se manifiesta en los aspectos materiales de la existencia; la no permanencia «sutil», que se produce en nosotros a cada instante, alrededor nuestro, en nuestra mente. Meditar sobre la no permanencia permite comprender la naturaleza auténtica del sufrimiento, lo cual ayuda a esquivar las condiciones y causas que generan efectos negativos en nuestras vidas y a desarrollar la paz mental.

52

Damos una gran importancia al pasado y al futuro. Vivimos cono si estuvieran ahí, permanentemente, olvidándonos de vivir el presente. Sin embargo, vivir el tiempo presente es fundamental porque es el único momento en el que podemos actuar, verdaderamente, para transformar nuestra mente desarrollando emociones positivas que nos permitan ayudar a los demás.

53

La meditación, la reflexión, nos ayudan a comprender mejor el presente, a vivirlo más serenamente y a estar menos obsesionados con las cosas que nos gustan o nos disgustan, proyectándonos en el pasado o en el futuro. Cuando nos enfrentamos a un problema, es importante apreciar la cuestión en su justa medida. Si hay una solución, hay que aplicarla de inmediato. Si no hay solución posible, no sirve de nada inquietarse, porque eso sólo aumentaría nuestra angustia. ¿Por qué perder los nervios con algo que no está en nuestras manos?

Si analizamos las causas y condiciones que han conducido a dicha situación, veremos que su número es incalculable. Desarrollar una visión más global de lo que estamos viviendo permite no atribuir nuestra desgracia o nuestra felicidad a una causa única o a una única persona. Ello nos permite analizar mejor lo que nos sucede y volvernos menos dependientes de las condiciones externas.

54

Las ideas y las emociones negativas ocultan la verdadera naturaleza de nuestra mente, su naturaleza luminosa. Son demasiadas y nos conducen a donde ellas quieren, si no las dominamos. Seamos o no budistas, podemos reflexionar y preguntarnos si podemos decir de verdad: «Hay un "yo" que piensa "yo"».

Del mismo modo, ¿existen verdaderamente un «yo» y un «ego» en alguna parte? Gracias a la práctica o a la reflexión, también podemos aprender a diferenciar a la persona que experimenta una emoción (por ejemplo, la envidia, la ira o el odio) de la emoción misma que la embarga. Poco a poco, resulta más sencillo identificar lo que pasa dentro de nosotros y disociar nuestra mente de aquello que lo anima, lo cual nos ayudará mucho a dominarnos.

55

Cuando estamos tensos, angustiados y no podemos controlarnos, si nos miramos a nosotros mismos y observamos ese «yo» ansioso que nos domina, si buscamos hasta averiguar cuál es su naturaleza verdadera, esa introspección nos ayudará a aliviar la angustia.

56

Comprender qué es la relación de interdependencia entre los seres y los fenómenos, ayuda a desarrollar la no-violencia y la paz entre las personas y en el mundo al mismo tiempo. La interdependencia es uno de los principios fundamentales de la enseñanza budista. Toda cosa, todo ser, no existe si no es interrelacionado con el resto del mundo. Nada existe por sí mismo, sino dependiendo de una serie de causas y condiciones que son, a su vez, interdependientes entre ellas.

La flor de loto

Aunque nace en el barro, la flor de loto se eleva entre veinte y treinta centímetros por encima del agua. Es, por esta razón, el símbolo de la pureza que nada puede alterar.

57

Los fenómenos cambian constantemente por la interdependencia de los seres y los fenómenos. Nosotros cambiamos permanentemente debido a las causas y condiciones interdependientes. Tendemos excesivamente a atribuir las responsabilidad de un episodio, bueno o malo, a una única causa principal.

Entonces movilizamos todas nuestras fuerzas para obtener o para destruir la causa que consideramos principal, según la encontremos benefactora o maléfica.

Ese tipo de actitud muestra que no somos verdaderamente conscientes de lo que es el principio de interdependencia entre los seres y los fenómenos.

58

Nunca es una sola causa ni una única persona el origen de nuestra felicidad o de nuestra desgracia. Para entenderlo hay que tener una visión global, holística, de las cosas, capaz de ampliar nuestra comprensión de la realidad. Así podemos ver que lo que vivimos es el resultado de un montón de causas y de condiciones interdependientes.

En este sentido, resulta completamente inútil culpar a una persona sola, por ejemplo, como si ésta tuviera el poder de provocar una situación dolorosa para nosotros. Es, por lo tanto, de suma importancia cambiar el comportamiento que hace que digamos «la culpa es de tal persona» o bien «la culpa es de las circunstancias».

Esa manera de aprehender la realidad es errónea. Nosotros somos responsables de lo que nos pasa en la vida, sea bueno o malo. Es la ley del karma, la ley de causa y efecto, que se aplica de manera idéntica para todo y para todos. Comprenderla y aceptarla ayuda a desarrollar la paz mental.

Ratnasambhava

Ratnasambhava es el Buda de la generosidad.
En su mano sostiene una joya que cumple todos
los votos.

59

Se dice de alguien a quien le falta sabiduría que es estrecho de miras. Si su visión es más amplia, diremos que es un sabio. Es la comprensión de la interdependencia asociada a la sabiduría y al conocimiento lo que enriquece nuestra mente y nos ayuda a enfrentarnos cara a cara con lo que nos toque vivir, de manera consciente.

60

Hablar de interdependencia, comprender lo que significa este principio, es describir la verdadera naturaleza de las cosas y ver cómo funciona la realidad. Eso conduce a modificar nuestra forma de percibir el mundo y a modificar nuestras costumbres y comportamientos.

Así, cuando vivimos una situación dolorosa, ¿por qué venirse abajo y deprimirse pensando que es injusto? Piensa incluso en toda esa gente que está atravesando una situación similar y tendrás una visión más amplia de las cosas.

Ofrece tu cercanía con el sufrimiento que sientes para ayudar a todos los que necesitan librarse de ese mismo tipo de sufrimiento. Aunque todo esto parezca muy difícil de conseguir al principio, el mero hecho de intentarlo te hará menos egoísta y poco a poco constatarás que vas gozando de una mayor paz espiritual.

Este tipo de práctica puede también llevarse a cabo cuando sentimos una alegría grande. Podemos ofrecerla por el bien de todos los seres.

El quinto Dalái Lama

Mezclando durante toda su vida, con una rara sutileza, la política, la espiritualidad, el arte y el conocimiento del género humano, el Gran Quinto fue uno de los más grandes caudillos de su país.

ༀ། །ཚེ་སྲུང་འཁྲིལ་བ་མ་ནུ་མར་རྡོ་རྗེ་དག་དང་། །ཕྱག་སུམ་སྐྱང་ལམ་གནས་ལམ་སྒྲུབ་རྒྱུ་ཐན་ཆོས། །

།དེ་མྱུར་བའི་སྲིད་ཁྱི་དགངས་ཆ་བསྒྲུབ་པར་འགྲོ་འི་ལམ་ནོ། །ཁ་ཤག་ཞི་ནུ་རྒྱ་ཚོ་གཏགས་ལམ་སྒྲུབ་པ་ཐུབ་གགས་མཚོ། །

61

La sabiduría permite comprender qué es la interdependencia. El conocimiento nos ayuda, por su parte, a aprehender la verdadera naturaleza de las cosas. Con ese espíritu, desarrollando la empatía y el amor altruista, se hace evidente que sentir amor y compasión por los demás resulta muy beneficioso, no solamente para ellos, sino para nosotros mismos, mientras que a la inversa, si dañamos a los demás nos dañamos a nosotros mismos.

En el primer caso ganan dos partes; en el segundo, son dos las que pierden.

62

La comprensión de la interdependencia resulta muy útil para entender el terrorismo y el fanatismo. Muchos creen que acabar con ellos resolverá el problema. Obviamente, es imposible ignorar la gravedad de los hechos perpetrados por los extremistas y sería un error hacerlo. Pero es necesario que comprendamos que esas acciones nacen de un gran número de causas y condiciones. Un impresionante número de razones participan en la formación de ese tipo de actitudes. Algunas personas muy ligadas a su tradición religiosa tienen puntos de vista muy cerrados que enmascaran la realidad y determinan sus actitudes.

Una visión más amplia y más lúcida de las cosas, tanto a corto como a largo plazo, las calmaría y las reconfortaría y, como consecuencia, las ayudaría a adoptar otras formas de comportamiento.

63

Es importante establecer una disciplina personal a la hora de trabajar en nuestra transformación interior. Dicha disciplina no debe, en ningún caso, ser impuesta desde el exterior, sino que debe nacer de nuestra comprensión de las cosas y de la conciencia de las cosas positivas que obtendremos si escogemos aplicarla.

64

Para perfeccionarnos en un oficio o para adquirir conocimientos, estamos dispuestos a emplear el tiempo necesario para estudiar y trabajar. Reflexionamos sobre los que es prioritario, sobre lo que más cuenta para nosotros y, después, hacemos el esfuerzo que sea necesario a fin de llevar a cabo la tarea o conseguir nuestras aspiraciones.

De igual modo, en la vida espiritual debe seguirse el mismo método: escoger una disciplina personal y seguirla.

65

Todos somos seres humanos, todos tenemos las mismas aspiraciones. Yo soy como vosotros. Cuando me encuentro en dificultades, yo también intento mirar en el interior de mi pobre mente, de analizar qué pasa, a fin de encontrar un poco de serenidad. Ésa es una cosa positiva que todos podemos hacer.

Vivimos en países donde las condiciones materiales, la tecnología, el confort, están muy desarrollados en la actualidad; pero no debemos fijar solamente nuestra esperanza de felicidad en esas cosas externas.

El bienestar, la serenidad y la paz se desarrollan en nuestro espíritu. Es indispensable buscar las condiciones interiores que las favorezcan.

66

Debemos buscar el modo de conseguir bienestar a largo plazo. Es relativamente fácil disipar las preocupaciones momentáneamente, por ejemplo, bebiendo cerveza hasta ponernos contentos a fuerza de ir ingiriendo alcohol. Pero esa alegría será pasajera, ilusoria, y los problemas seguirán estando ahí.

Para alcanzar un bienestar duradero y constante hay que transformar la forma de funcionar que tiene nuestra mente. Ése es el consejo que doy a todos mis amigos.

67

No es necesario adoptar una religión para transformar la mente. Ese proceso es posible para todos los seres humanos, independientemente de que sean creyentes o ateos. Una tradición espiritual puede darnos las herramientas para llevar a cabo esa tarea, pero no es indispensable.

Es por esa precisa razón que suelo hablar a menudo de la «ética secular», que puede aplicarse a todos los seres, sean creyentes o no.

Amitabha

Amitabha manifiesta la luz infinita de la compasión.

68

Todas las particularidades religiosas o culturales deben ser superadas a fin de que todos lo seres puedan reconocerse dentro de una ética laica que se base en los principios humanos universales.

Eso sería una auténtica revolución espiritual que reposaría en virtudes humanas tales como la empatía, el amor, la tolerancia, el respeto y el sentido de la responsabilidad.

69

Hacer el bien a los demás, no dañar a nadie, no molestar, es lo que define el fundamento de la ética desde la perspectiva budista. Es la base del comportamiento pacífico, de la compasión y del amor altruista. Si el fin último es efectivamente hacer el mayor bien posible a los demás, aportar bienestar al prójimo, hay que hacer todo lo que esté en nuestras manos, en cada momento, para desarrollar dicha capacidad.

El nudo infinito

El entrelazado de las líneas del nudo infinito nos recuerda que todos los fenómenos son interdependientes.

70

La disciplina (*shila*) es uno de los factores que contribuyen a esperar el despertar mediante la meditación (*samadhi*), el conocimiento o la sabiduría (*prajna*). Esos diferentes elementos son complementarios.

La ausencia de ética se traduce, principalmente, por una forma de ser que molesta a los demás. Procediendo de semejante modo, no sólo hacemos daño al prójimo, sino que sembramos las semillas de nuestro propio sufrimiento. Debemos ser claramente conscientes de eso, a fin de desarrollar una disciplina ética basada en el conocimiento y la sabiduría. El aspecto más elevado de la ética es pensar que la felicidad ajena cuenta más que la nuestra.

71

Las emociones perturbadoras que oscurecen nuestra mente le impiden reflexionar sobre las consecuencias de nuestros actos y nos incitan a comportarnos de forma negativa con los demás. Transformar nuestra mente supone la completa disolución de los factores mentales destructivos que habitan en nosotros.

Para ayudarnos, podemos meditar y reflexionar sobre los beneficios que podemos extraer de una ética correcta y del abandono de las preocupaciones egoístas que nos pasan tan alta factura. Así, aprendiendo a dirigir nuestros pensamientos hacia los demás de manera más positiva, cumplimos poco a poco con el fin último de la ética, que es beneficiar a todos los seres. Pero todo eso no puede hacerse si no nos apoyamos en la disciplina que nos ayuda a proceder de manera correcta, justa y sincera.

Rangjung Dorje

El tercer Karmapa fue uno de los principales
jerarcas del Tíbet. Se hizo célebre por su gran
apertura de mente.

༄༅། །འཇིག་རྟེན་དབང་རྒྱགས་པས་མཆན་ཉིད་ཁྱེ་དབར་རུད། །པ་དད་གྱུང་ངེ་ཨ་མ་ཉི་ཤ་ན་རྣ་བ་སད་དབ་དགས་ཏེ། །རྡོ་ལ། །སྤྱི་ཤིག་སྒ་ན་སྒ་རབ་རྒྱ་མཆོ་འི་ཨ་ཕར་ཁྱབ་བ་སྒྱེ་བ། །དང་བྱུང་དྲོ་རྗེ་སྐྱ་བར་སྒྱག་འཆའ་ལ། །

72

Somos capaces de desarrollar afecto, amor y compasión por los demás si tomamos conciencia de que poseemos, dentro de nosotros mismos, una infinita facultad para experimentar ternura. Todos podemos sentir esta inclinación hacia los demás, la cual se expresa, por ejemplo, de una manera espontánea y natural, entre una madre y su bebé. Sin ella, no podríamos sobrevivir cuando nacemos. Es un sentimiento inherente a los seres humanos, por eso todos tenemos la posibilidad de experimentar la ternura.

73

Un aspecto de la ética que descuidamos demasiado a menudo y que, sin embargo, es de suma importancia, es la conducta que debemos seguir en relación a nosotros mismos. No debemos perjudicar a los demás, pero tampoco perjudicarnos a nosotros. ¡Nunca podremos beneficiar a los demás si nos detestamos! Tenemos que darnos cuenta de que todos deseamos profundamente ser felices y que esa aspiración está completamente justificada. Reconocer eso y otorgarse los medios adecuados para conseguirlo permite apoyarse en dicho sentimiento con la finalidad de experimentarlo y aumentarlo hacia todo el mundo.

Así, cuando hacemos el voto del bodhisattva, que consiste en desear ayudar a todos los seres a alcanzar el despertar, debemos empezar por desearnos ese logro a nosotros mismos.

74

Puede suceder que hagamos daño al prójimo sin darnos cuenta. Las repercusiones kármicas que con ello creamos no son las mismas que si cometiéramos un acto malvado deliberadamente. Es la motivación con la cual actuamos la que determina las repercusiones kármicas que nuestros actos y nuestros pensamientos engendran.

75

La motivación, en ocasiones, cuenta más para el plan de las consecuencias kármicas que el acto en sí mismo. Por ejemplo, si tenemos la intención de hacerle daño a alguien y preferimos, en ese momento, expresar esa pasión negativa en forma de insultos y palabras hirientes o manteniendo silencio, no quita que interiormente nuestro pensamiento se exprese con mucha violencia hacia esa persona. En dicho caso, lo que pasa es que experimentamos el deseo de hacer daño pero actuamos con hipocresía. Ahí hay una contradicción entre lo que pensamos y lo que hacemos. Lo que verdaderamente cuenta desde el punto de vista del budismo, de la ética y del karma, es la motivación que preside nuestros pensamientos.

76

El Buda dijo: «Somos lo que pensamos, con nuestros pensamientos creamos el mundo». Un comportamiento y una ética justos influirán en el mundo de manera positiva, lo que no implica que la realidad sea sólo una proyección de la mente.

La forma en que percibimos el mundo sí es una proyección, una fabricación de nuestra mente y es específica para cada uno. La prueba está en que dos personas pueden pensar lo contrario respecto a un mismo objeto, por ejemplo, una que es bonito y otra que es feo. La doctrina nos dice que nuestra forma de percibir el mundo es el resultado del conjunto de karmas que hemos ido acumulando durante innumerables vidas. Así, podría decirse que el mundo tal y como lo vemos, en tanto que seres humanos, es un reflejo de las experiencias kármicas que han atravesado nuestras consciencias durante innumerables vidas.

Amogasiddhi

Amogasiddhi encarna la sabiduría
de la acción justa.
Sólo le mueve el deseo de ayudar
a los demás.

77

Hay que tener confianza en el ser humano. Éste es profundamente bondadoso y empático porque posee en su interior, potencialmente, la naturaleza de Buda. Dicha constatación no
impide en absoluto tener la suficiente lucidez para ver las
emociones conflictivas que puedan existir y proceder en consecuencia.

78

El sentido común, la experiencia, la observación y la medicina reconocen que una mente pacífica, no violenta, permite vivir de manera armoniosa y serena. La animosidad, el odio, la obsesión, pueden tener importantes repercusiones en el cuerpo y degradar el estado natural de buena salud. A la inversa, una actitud serena y relajada tendrá un efecto positivo en la evolución de una enfermedad.

79

Nuestra felicidad y nuestro sufrimiento están íntimamente ligados a la felicidad y al sufrimiento de todos los seres. Ser consciente de esta interdependencia lleva a desarrollar, de manera natural, un sentimiento de afecto, de apertura y ternura hacia los demás. Todo podemos experimentarlo, porque esto no tiene nada que ver con planteamientos teóricos predicados por las escuelas filosóficas o por las tradiciones religiosas.

80

Es importante observar los propios pensamientos y emociones negativas para no sucumbir a su poder en el momento en que ciertos deseos perturbadores ataquen a nuestra mente. Tomar conciencia de su existencia evita que cometamos acciones que puedan producir un karma negativo. Si, por ejemplo, alguien te insulta y tú reaccionas inmediatamente sintiendo ira, estás siendo «manipulado» por la cólera que sientes y no tendrás la mejor actitud posible que te convendría adoptar para manejar las circunstancias. Siendo así, no procederás de manera libre.

81

Tener una disciplina personal no consiste en decirse: «No tengo que hacer esto o aquello porque no está permitido», sino que implica reflexionar sobre las consecuencias de los pensamientos y de los actos a corto, medio y largo plazo, a fin de comprender, que ciertas acciones no pueden cometerse porque engendran sufrimiento tanto en uno mismo como en los demás. Esta forma de disciplina reposa en el razonamiento y el análisis, siendo así mucho más fácil de aplicar que una disciplina que se apoye en el «miedo a la policía».

Así, la verdadera disciplina se basa en la comprensión de las consecuencias últimas de nuestros actos.

151

82

La ética está llamada a jugar un papel cada vez más importante en nuestra sociedad moderna. Contrariamente a lo que pasaba antes, los medios de comunicación y el público están atentos a la forma de proceder de las personalidades públicas, políticos, médicos, científicos, jueces y demás personajes, vigilando que su comportamiento sea ético. Cuando muestran una moral reprobable, tanto el público como los medios de comunicación denuncian con violencia su conducta. Ese tipo de reacción lleva a que los que participan de la vida pública intenten actuar de la forma más ética posible y sin hipocresía.

83

El papel de los medios de comunicación es muy importante en las sociedades democráticas donde se disfruta de libertad. Éstos deben vehicular los grandes valores humanos fijando sus objetivos. A menudo digo que deberían ser como la trompa de un elefante que fuera olfateando por todas partes para denunciar las injusticias y las cosas malas que atacan a la sociedad. Pero todo ello debería hacerse sin olvidar poner de manifiesto, por supuesto, las cosas positivas que también pasan en el mundo. En general, cuando se produce una catástrofe, ésta se convierte en «noticia» y se habla de ella hasta el agotamiento. Las noticias trágicas o deprimentes invaden los medios de comunicación hasta tal punto que las noticias positivas, las acciones altruistas y todas las obras absolutamente benefactoras que se producen en el planeta cada día, pierden importancia. Y es una pena porque las cosas buenas inspiran a la gente y las animan a ser mejores. Hablar sólo de los aspectos negativos de la naturaleza humana acaba por hacernos dudar de que la naturaleza humana sea buena.

84

Los cinco sentidos contribuyen a crear las emociones en el ser humano. Por esta razón, la música, la pintura y el arte sacro en general tienen tanta influencia en nuestras emociones y pueden ayudarnos a transformar las bajas pasiones en su contrario.

Ése es el caso, particularmente, de la música, que posee la virtud de transportarnos a los niveles más profundos de nuestro ser.

85

De manera general, es importante comprender que debe evitarse perjudicar a los demás y usar cualquier tipo de violencia. Dicho esto, es cierto que puede darse el caso en que, en circunstancias muy concretas, un pequeño mal evite un mal mucho mayor. No podemos aplicar de manera absoluta reglas que son generales, pero siempre debemos evaluarlas en función de la situación precisa que se nos presente. Así pues, se trata a fin de cuentas de hacer un balance de cada situación en términos de sufrimiento y bienestar, con el fin de generar el menor sufrimiento posible.

Samantabhadra

El Buda de los orígenes, de la apertura
primordial.

ༀ། །གདོད་མའི་མགོན་པོ་དོན་གྱི་འགྱུར། །དཀྱིལ་འཁོར་དག་ཏུན་གྱི་བཞུངས་གནས་མགོ།།
མཉེན་རབ་ལ་ཤེས་རྐྱ་མཚོ་བརྗེས། །ཁྱབ་བདག་ཁྱབ་ཕྱུག་ལ་ཕྱག་འཚལ།།

86

Lo importante siempre son los motivos, también en lo concerniente a la ciencia. Si, por ejemplo, se usan terapias genéticas para curar enfermedades, lo único que podemos hacer es felicitarnos por ello. Pero cuando la genética se usa perjudicando a terceros, sólo puede considerarse un acto de violencia.

87

Cuando yo hablo de espiritualidad, no me refiero necesariamente a una espiritualidad religiosa. No hay que buscar la felicidad y el bienestar únicamente en objetos materiales, sino que debemos ocuparnos de la forma en que funciona nuestra mente para poderla transformar. Para mí eso es la espiritualidad: pensar y proceder de manera altruista.

Una revolución espiritual no puede nacer de condiciones y progresos externos, de los ordenadores, de las modificaciones o tratamientos que podamos aplicar a nuestro cerebro, sino que debe nacer de lo que somos interiormente, del deseo profundo de cambiar para convertirnos en seres humanos mejores. Es eso lo que debemos trabajar, porque sólo así podrá tener lugar una revolución espiritual.

La rueda del Dharma

La rueda simboliza la completud y la perfección,
encarna la aspiración de que las enseñanzas
de Buda se expandan en todas direcciones para
el bienestar de todos los seres.

88

Las emociones negativas surgen de nuestra mente, le influyen y la dominan, convirtiendo al ser humano en esclavo de lo que éstas implican... La mayor parte de ellas nacen y desaparecen tan repentinamente como aparecieron. Sin embargo, eso no quiere decir que debamos menospreciar su poder, terriblemente destructor para uno mismo y para los demás. El budismo propone numerosos métodos para canalizarlas y transformarlas cuando aparecen, pero siempre hay que ser consciente de lo que pasa dentro de nosotros. Un esfuerzo semejante no puede llevarse a cabo si no se comprenden las razones que las desencadenan. Y ahí radica la diferencia entre una disciplina escogida libremente, que permite evaluar en la dirección que se desea, y una disciplina impuesta contra la cual todo el mundo acaba por rebelarse, más tarde o más temprano. Dirigir la propia mente supone, pues, analizar los motivos que nos arrastran por ese camino, a fin de que crezcan nuestra confianza y nuestra fe.

89

Poner fin al karma, la ley fundamental de la causa y el efecto que rige el ciclo de las existencias, supone poner fin a la ignorancia fundamental que gobierna nuestra vida. Es de la ignorancia de donde surgen el deseo, el odio, la envidia o la codicia, así como todas las emociones negativas que dominan nuestra mente y la someten a la esclavitud hasta que no despertamos y seamos liberados de todo sufrimiento. Merece la pena reflexionar sobre esto y trabajar con firmeza para salir de la confusión.

Longchen Rabjam

Uno de los grandes eruditos del siglo XIV, cuyos textos son todavía estudiados y comentados.

ༀ༔ །ཤེས་བྱའི་དཀྱིལ་འཁོར་ཡངས་པ་རྒྱས་གྱུར་ཅིང་། །དཔལ་ཆོས་རིག་འཛིན་མཆོག་དཔལ་འཛིན་པ་ལ། ། བྱ་མེ་རིའ་གོ་ངས་པ་དེ་རྒྱས་ལ་གཏང་ད། །བློ་གྲོས་ཆེན་པ་བརྒྱ་མས་ལ་ཕྱག་འཚལ། །

90

La verdadera práctica no se manifiesta en los lugares de culto religioso sino en el mundo exterior, en la calle, allá donde podemos enfrentarnos a situaciones de la vida real y a personas que puedan suscitar en nosotros odio, amor, compasión, deseo...

Practicar una religión no consiste en rezar, sino en desarrollar las emociones positivas como el amor altruista, la empatía, la bondad, la generosidad, el sentido de la responsabilidad, y en dar a los que nos rodean sin esperar recibir gratificación alguna, sean amigos o enemigos.

91

Para superar las emociones negativas, debemos emplear nuestra inteligencia y desarrollar nuestros conocimientos para fortificar, gracias a ellos, emociones positivas tales como la compasión, la bondad y las buenas intenciones.

Solamente cuando dichas emociones positivas se desarrollan de forma paralela a la sabiduría y el conocimiento, podemos superar las bajas pasiones y, además, ponerles límites.

92

Nuestro sufrimiento mental puede manifestarse con mucha más virulencia que el sufrimiento físico. Una persona enferma o que viva en la precariedad puede ser feliz, a pesar de las condiciones difíciles en las que se encuentra, siempre que su mente esté calmada y serena. En el peor de los casos, puede conseguir que su situación lo incomode lo menos posible.

Por el contrario, nadie puede conseguir eso, por muy bien que viva, si su mente está perturbada por emociones conflictivas. Lo que cuenta ante todo, para ser feliz, es la paz mental.

93

El odio, el apego y los celos desestabilizan nuestra mente y le impiden comportarse con ecuanimidad hacia los demás. Proceder con ecuanimidad no quiere decir que seamos indiferentes o sintamos que en realidad no nos importan los sufrimientos ajenos. Adoptar tal actitud implica, por el contrario, que actuemos con la gente sin mostrar preferencias ni rechazos, con empatía y afecto, haciendo todo lo que esté a nuestro alcance para ayudar a todos los seres, sin distinción, a alcanzar el despertar.

94

Habitualmente, esperamos reconocimiento por parte de aquel a quien hemos ayudado, esperamos agradecimiento de una forma u otra. Si éste no llega, podemos notar cómo crecen en nosotros la rabia, el resentimiento e incluso el deseo de fastidiarlo... Cuando hemos aprendido a trabajar con nuestra mente y a observar lo que pasa en nuestro interior, somos capaces de detener el proceso en curso y poner fin a dichas emociones perturbadoras que nos empujan a reaccionar con violencia.

Por otra parte, la cosa es aún más fácil si consideramos a esa persona como una especie de maestro cuyo papel es el de enseñarnos a desarrollar la paciencia y la empatía. Piensa en ello cuando las circunstancias te lleven a vivir una situación de ese tipo y verás lo fácil que va resultando comportarse así y desarrollar la paz espiritual, una vez superado el primer paso.

Maitreya

El Buda Maitreya encarna el amor universal.
Algún día vendrá a la tierra y por esa razón se le
representa con los pies en el suelo, dispuesto a
venir.

༄༅། །དགའ་ལྡན་གནས་སུ་དཀ་པ་དོག་དཀར་པོས། །རང་གི་ཅོད་པན་ཉི་དཀ་ཀྱི།
དབུར་བཙུགས་ཏེ། རྒྱལ་ཚབས་ཉི་དུ་དཔར་བསྒྱུར་མཆོག་བརྙེས་པ། ཁྲམ་འདུན་
མ་པ་མ་མགོན་ལ་ཕྱུ་འཚལ་ལོ།།

95

Existen diferentes métodos que permiten desarrollar la virtud de la paciencia. El conocimiento de la ley del karma es uno de ellos. Así, cuando experimentas, por ejemplo, condiciones de trabajo difíciles o cuando te topas con un problema concreto, piensa que eres responsable del sufrimiento que estás viviendo y que se debe, sin duda alguna, a causas que tú mismo has engendrado.

Es cierto que esa forma de pensar no te solucionará los problemas, pero te permitirá relativizarlos, tomar cierta distancia y motivarte para no contribuir a crear más karma negativo a través de malos pensamientos o actos malvados.

96

Tener confianza en uno mismo y en las virtudes propias no significa, en absoluto, ser orgulloso. Es muy importante tener confianza en lo que somos, en nuestras habilidades y capacidades personales, para desarrollar fe en la existencia sobre la cual se apoyará nuestra capacidad para generar bondad, justicia, compasión y amor altruista. La fe y la confianza son indispensables para el desarrollo de las virtudes humanas. Son un terreno fértil donde pueden sembrarse todas las semillas que darán vida a las emociones positivas.

97

Los adultos, sean padres o no, deben encontrar la forma de dar todo el afecto posible a los niños que tienen a su alrededor. En efecto, la educación no sólo consiste en desarrollar el intelecto, sino en hacer lo propio con la inteligencia del corazón y las cualidades humanas como la compasión, la amabilidad, la simpatía y la responsabilidad.

También consiste en enseñar a los niños que todos estamos unidos, en todo el mundo, a fin de que desarrollen una clara conciencia de las consecuencias de cada uno de sus actos.

Finalmente, y lo más importante, los adultos deben predicar con el ejemplo a los que educan y crían, porque ésa es la mejor forma de transmitir lo que se desea.

98

Es inútil tratar de cambiar a los demás sin cambiar uno mismo. La evolución hacia la paz en el mundo pasa por la reducción de los conflictos que agitan a ciertas naciones, de manera que no estallen más guerras. El hecho de reducir las desigualdades sociales intentando construir un mundo mejor, supone empezar por transformarse a sí mismo, a fin de influir sobre nuestro entorno inmediato: los que nos rodean y nuestra familia. Haciendo que reinen, en ese primer círculo interior, la empatía, la ternura, la bondad y la alegría, es entonces posible extender esos logros a círculos más externos: amigos, vecinos y demás gente conocida. En español lo llamáis «efecto dominó».

Transformando la propia mente, para empezar, podemos prestar más atención a los demás, gracias a la fuerza del amor altruista que se desarrolla en nosotros. Mediante ese amor podemos influir en el resto del mundo y participar en la consecución de la paz entre las personas y las naciones. Es un punto fundamental.

99

En nuestra vida cotidiana sabemos que cuanto más estable, calmado y satisfecho está nuestra mente, más sensaciones y experiencias felices experimentamos. Cuanto más indisciplinado y negativo está la mente, más sufrimos mentalmente y físicamente. Así pues, es evidente que una mente disciplinada y satisfecha es fuente de felicidad.

Dicho estado mental de disciplina y serenidad se denomina «la verdad de la vía que conduce al cese» cuando lo exploramos y lo hacemos progresar. Las ilusiones vanas pueden ser eliminadas y separadas de la mente porque se sabe que en la raíz de éstas hay un error que nos impide juzgar correctamente las cosas y los acontecimientos.

100

La doctrina budista nos dice que, en el curso de las vidas sucesivas, todos los seres habrán sido en algún momento nuestros padres. Creer en esto nos ayuda a relativizar, de entrada, los conflictos que puedan surgir entre dos personas e inspira una aproximación diferente a los que consideramos enemigos. En efecto, saber que toda experiencia negativa es el resultado de nuestro karma pasado, transforma el punto de vista que tenemos sobre nuestro pretendido enemigo. Éste sólo es la manifestación exterior de factores que nosotros contribuimos a crear, lo cual cambia nuestra forma de comprender la realidad. Es importante entender esto para no experimentar emociones negativas contra personas o factores externos que no son, de hecho, responsables de lo que nos pasa.

101

Es muy importante participar de este mundo para hacer el bien a los demás. Por esa razón, conviene estar siempre en consonancia con la realidad y con la época que nos toca vivir.

En tanto que responsable religioso, mi deber es trabajar, sin descanso, para llevar mi tradición a todos los rincones del mundo y hacerlo de modo que sea perfectamente aplicable a la vida moderna.

102

En las naciones democráticas, donde tanta importancia suele darse a los derechos humanos, los derechos de los animales son continuamente vulnerados. Sin embargo, según el principio de interdependencia de los seres y los fenómenos, todos estamos unidos, los unos a los otros. Solemos olvidarlo y no analizamos las consecuencias que nuestro comportamiento negativo engendra, a la larga, en nuestras condiciones de vida.

La explotación abusiva a la que se somete a los animales y a la naturaleza tendrá, sin duda alguna y en un futuro, graves repercusiones, tanto en la alimentación como en la salud humana. Si reflexionásemos un instante sobre el tema, pondríamos en marcha sistemas que tuvieran en cuenta la protección del entorno y el respeto a los animales.

103

La mayor parte de los principios religiosos están fundamentados en la observación de los comportamientos y los sentimientos humanos. Su objetivo suele ser el fomento de las virtudes humanas, tales como la empatía, la bondad y la piedad. La doctrina y la práctica ayudan al discípulo budista a alcanzar el nirvana, la liberación de todo sufrimiento. Desear alcanzar ese objetivo último no significa, por otra parte, que debamos descuidar nuestras condiciones de vida. Como es lógico, cuando éstas son buenas nos permiten ayudar con más facilidad a los demás. Por ejemplo, es imposible vivir sin dinero. No se trata, por tanto, de poner en cuestión su innegable importancia, sino de darle la importancia justa, el sitio que se merece, sin convertirlo en un dios-todopoderoso. Es un error pensar que el dinero puede colmar todos nuestros deseos y necesidades fundamentales. La prioridad siempre debe ser la de tener una mente sana, que funcione de manera positiva para tener la conciencia tranquila. Todo lo demás viene después.

La jarra de la abundancia

Esta jarra de la abundancia contiene el néctar
que simboliza la riqueza espiritual.

104

El único poder verdadero del que gozamos es el de servir a los demás. Para mí, ese poder es auténtico y positivo. Las otras formas de poder otorgan grandes responsabilidades, especialmente el poder económico, pero los que lo ostentan lo suelen ignorar demasiado a menudo. Deben, por tanto, estar muy alerta en cuanto a las motivaciones que se esconden tras sus actos.

Lo mismo es aplicable a los políticos. La democracia reposa en la separación de poderes y es importante que el ejecutivo, el legislativo y el judicial sean independientes. Esas disposiciones constituyen una protección y una garantía contra los abusos de poder.

105

No hago la menor diferencia, en el terreno humano, entre los jefes de estado y los simples individuos. Todos somos hermanos. Todos tenemos las mismas necesidades fundamentales. La espiritualidad nos es necesaria a todos. Dicho esto, añadiré que ésta resulta mucho más útil para los que tienen grandes responsabilidades nacionales, que para un buscador de la vía que se mantiene retirado de la vida pública. Un primer ministro, un político o el director de una gran empresa, son personajes importantes para la sociedad. Sus acciones positivas o negativas tienen repercusión en la vida de gran número de personas. Para ser positivo y tener buenas intenciones, deben seguir un entrenamiento espiritual adecuado, a fin de evitar dañar a los demás a gran escala. En este sentido es urgente que los dirigentes desarrollen un actitud altruista y con mucho sentido de la responsabilidad. El mundo tiene necesidad de ello para conseguir la paz.

106

Hace unos cuantos decenios nadie se preocupaba por la ecología. Los dirigentes y sus pueblos pensaban, equivocadamente, que los recursos de la Tierra eran inagotables. Actualmente, la mayor parte de los partidos políticos hablan de ecología. Ese cambio de perspectiva se apoya en la experiencia. Aunque es cierto que no todos los gobiernos están por la labor de preservar los recursos naturales y que la deforestación progresa implacablemente, poco a poco esas ideas van calando en todo el mundo. Eso me da fuerzas para continuar en la tarea de conseguir un futuro mejor.

107

Los seres despiertos son un ejemplo a seguir por todos los practicantes. Les alientan a realizar mayores esfuerzos por parecerse a ellos y conseguir semejante sabiduría y compasión. La inteligencia permite alcanzar dicho objetivo desde el momento en que deja de estar dirigida por emociones perversas o molestas, fuente de sufrimiento. Así, una inteligencia movida por un buen motivo se convierte en una herramienta preciosa.

108

El amor materno que une a una madre a su hijo no es el resultado de un apego apasionado. La madre no espera nada de su bebé, se siente responsable de él y le procura alegría y bienestar en todas las circunstancias. Ese tipo de amor, si no se empaña, es lo más cercano a la empatía verdadera en el seno de la cual no existe la menor atadura. Por eso la compasión auténtica se manifiesta de forma idéntica por los amigos y por los enemigos. Cuando hayas alcanzado este nivel de práctica, no podrás establecer diferencias entre los seres, los apreciarás a todos y te preocuparás por ellos incondicional e indistintamente, incluso cuando sepas que la persona que tienes delante va a perjudicarte. Eso no te afectará porque habrás desarrollado la paz mental. Evidentemente, eso no impide que tomes todas las precauciones necesarias para evitar que te dañen, pero hagas lo que hagas, lo harás sin experimentar odio, ira o resentimiento.

ÍNDICE DE ILUSTRACIONES

Sakyamuni 19
Tara 25
La sombrilla 29
Padmasambhava 37
Yeshé Tsogyal 41
El estandarte 45
Vajradhara 55
Shri Singha 59
Los dos peces 67
Vajrasattva 71
Vimalamitra 77
Vairochana 84
La caracola 89
Jamgon Mipham 97
Akshobhya 101
La flor de loto 111
Ratnasambhava 115
El quinto Dalái Lama 119
Amitabha 129
El nudo infinito 133
Rangjung Dorje 137
Amogasiddhi 145
Samantabhadra 157
La rueda del Dharma 161
Longchen Rabjam 165
Maitreya 173
La jarra de la abundancia 185